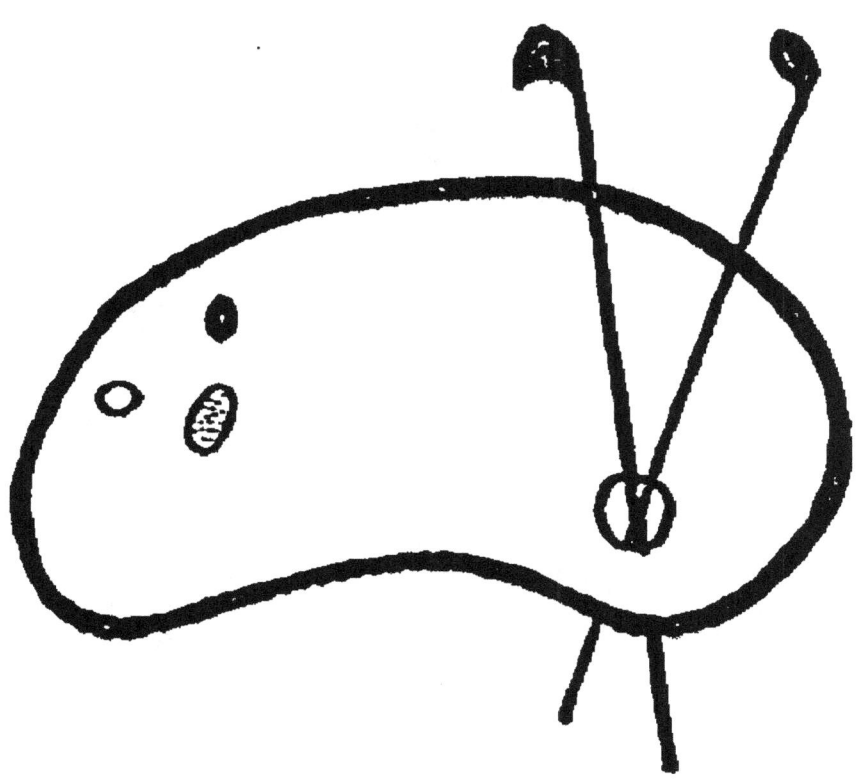

FIN D'UNE SERIE DE DOCUMENTS
EN COULEUR

RÉFLEXIONS SUR LES INSCRIPTIONS
D'AÏN-OUASSEL & D'HENCHIR-METTICH

Depuis que j'ai publié l'inscription d'Aïn-Ouassel, plusieurs savants, juristes ou épigraphistes, en ont donné des commentaires étendus. Je ne serais pas revenu sur ce sujet, déjà un peu ancien et sur lequel il semble qu'il n'y ait plus grand'chose à dire, si cette étude ne m'en avait fourni l'occasion et si la découverte du règlement d'Henchir-Mettich ne m'avait pas paru introduire dans la question des éléments nouveaux. Les auteurs n'ont peut-être pas pensé à tirer tout le parti possible de ce document, pour revenir sur le règlement de Patroclus, sollicités qu'ils ont été par tant d'autres problèmes plus directement intéressants que leur offrait la nouvelle inscription.[1]

En constatant que M. Cucq a démontré d'une manière irréfutable que l'*usus proprius* n'était autre que le *jus possidendi*, etc., du règlement de Patroclus, je me suis demandé s'il n'était pas possible que les surfaces auxquelles ce privilège avait été accordé, au lieu d'être dans des conditions différentes les unes des autres, se soient trouvées dans une situation analogue, s'il ne s'agissait pas des deux côtés de terres, incultes il est vrai, mais placées en dehors du domaine. Il m'a paru que l'état de ceux qui défrichaient ces terres apparaîtrait plus clairement si un tel rapport pouvait être trouvé et si les deux inscriptions concordaient. Je vais tenter de montrer que cette interprétation est non seulement possible, mais plus simple à la fois et plus satisfaisante que celles qui ont été données jusqu'ici.

Il ne peut y avoir de doute au sujet des *subcesiva* du *fundus Variani*, qui étaient certainement hors de ce dernier; reste donc à rechercher si les surfaces incultes visées par l'inscription d'Aïn-Ouassel n'étaient pas dans la même situation, ou, du moins, considérées et traitées comme telles.

M. Schulten, qui a si heureusement trouvé la restitution *nec exercentur*, admet, et tous les auteurs l'ont suivi, qu'il s'agit de terres situées dans les limites de propriétés impériales. La chose a semblé si évidente que cet auteur n'a pas indiqué bien clairement les motifs de son opinion. Mais, depuis la découverte de l'inscription

---

(1) Voir, au sujet de cet appendice, Schulten, *Hermès*, 1898, p. 96, *Die lex Hadriana*; Cucq, *Le colonat partiaire dans l'Afrique romaine*; Toutain, *L'inscription d'Henchir-Mettich*. Je publierai plus loin une bibliographie détaillée de cette question des *saltus*.

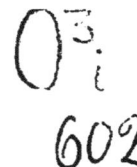

d'Henchir-Mettich, cette dernière n'est plus inattaquable. De ce qu'il s'agit d'un règlement concernant les *coloni* de l'empereur, de ce que ce sont des *procuratores* impériaux qui l'ont rédigé et publié, on ne peut plus conclure sans autre raison que les terres des cinq *saltus* aient été dans les domaines du souverain.

C'est, me semble-t-il, surtout sur deux passages que s'appuie l'opinion de M. Schulten.

Le premier, *nec a conductoribus exercentur*, nous dit justement que ces terres ne sont pas exploitées par les fermiers. Il a fallu pressurer le texte pour admettre que, n'étant pas cultivées par les *conductores*, elles pouvaient être dans le domaine. Il me semble, en effet, que l'on devait être amené à penser tout le contraire. En tout cas, la seule conclusion que l'on puisse tirer, *à priori*, de cette période, c'est que ces terres n'étaient pas dans les lots que les fermiers généraux exploitaient, et je montrerai plus loin que rien n'autorise à admettre que ces derniers aient négligé certaines parties exploitables de surfaces dont ils avaient intérêt à tirer tout le parti possible.

Quant à l'autre passage, je crois que les mots *in cujus conductione agrum occupaverit* ont fait penser qu'il s'agissait de terres situées dans le *saltus*. Mais, si l'on n'a pas à ce sujet d'idée préconçue, on comprendra seulement que certaines redevances doivent être livrées au fermier dont dépend le cultivateur qui a occupé une terre inculte pendant son bail. Rien ne dit que cette terre soit dans le lot du *conductor*, puisque, de l'avis de M. Schulten, *conductio* veut dire ici fermage et non *ager conductus*.

Il n'est donc dit nulle part dans le texte, implicitement ou explicitement, que ces terres sont dans une propriété impériale. Rien n'indique qu'elles n'ont pas appartenu à des particuliers ou du moins qu'elles n'étaient pas en dehors d'un *saltus* de l'empereur. La désinence en *anus* de trois de ces domaines montre au contraire qu'ils ont pu être des biens privés, au moins antérieurement au règlement.

Mais, pour le moment, je me contenterai de remarquer que d'autres objections peuvent être faites à l'opinion de M. Schulten.

Les fermiers généraux, qui étaient, nous le savons d'une manière certaine, des gens riches et actifs, âpres au gain, n'auraient pas, d'après cet auteur, exploité des terres qu'ils avaient louées et pour lesquelles ils payaient un loyer![1] Et cela, alors que cette exploitation faite à l'aide de *coloni* ne leur eût rien coûté, et que, s'ils n'avaient pas à faire de dépenses pour le défrichement et la mise en valeur de

---

[1] Avec l'explication que j'ai indiquée en dernier lieu (voir à la fin de l'appendice) et d'après laquelle les récoltes de grains visées ici n'auraient été faites que pour des cultures intercalaires, on pourrait admettre que le *conductor* ne se soit pas occupé des parties où l'on ne pouvait cultiver de céréales, mais seulement des plantations qui ne lui eussent rien rapporté, son fermage expirant trop tôt pour cela. Mais M. Schulten et tous les épigraphistes admettent qu'on a fait des céréales dans les terres dont il s'agit.

ces surfaces, ils étaient certains de prélever une part de leurs produits! On ne s'explique pas pourquoi l'administration aurait renoncé à une partie de ses droits de propriétaire pour pousser les cultivateurs à s'occuper d'un sol que le fermier avait plus d'intérêt qu'elle à mettre en valeur!

Cette opinion est donc difficile à admettre et devra être laissée de côté s'il en existe une qui ne soulève pas d'aussi graves objections, surtout si elle est moins compliquée.

M. Gsell s'est justement étonné que le fermier ait eu, suivant M. Schulten, à payer un loyer pour des terres dont on lui aurait enlevé les revenus. C'eût été une injustice, contre laquelle des personnages avides et influents comme les *conductores* n'auraient pas manqué de s'élever et de lutter sans doute victorieusement, en raison de l'influence qu'ils avaient, que de permettre au *colonus* de planter des arbres dans un sol que les premiers pouvaient se proposer de mettre en valeur au cours de leur fermage. Le Service des Domaines aurait donc dit au fermier : «Vous me payerez telle somme pour le lot que vous me louez, mais, si vous ne le cultivez pas de suite, le premier venu pourra s'en emparer.» Et alors, il aurait pu arriver ceci : un *conductor* prend à bail un lot contenant des terres incultes avec l'intention de le mettre en valeur non dès la première année, mais au cours de son fermage, suivant les moyens dont il disposera, les bénéfices que lui auront donnés les débuts, etc. Si donc, pour ces motifs ou d'autres causes, comme le manque de bras, le désir de connaître les conditions de la culture dans un pays où il a pu arriver récemment, il n'exploite pas ces mauvaises terres dès les premiers jours de son bail, un cultivateur quelconque du domaine aura le droit de les occuper sans qu'il puisse l'en empêcher. Si l'on objecte à ce qui précède que, lors de la mise aux enchères, le fermier était fixé sur les charges qu'il assumait, et que le prix de la location était en proportion, on peut répondre qu'on ne voit pas quel intérêt l'Etat aurait eu à déprécier la valeur locative de ces lots par une mesure qui devait être bien peu efficace ou productive, puisqu'il s'agissait de terres peu fertiles, que rien ne prouvait qu'elles auraient trouvé un occupant, et que là où avait échoué le *conductor*, intéressé au premier chef à leur faire rapporter le plus possible, les fonctionnaires de l'administration, pourvus d'appointements fixes, avaient bien peu de chances de réussir.

Il y a encore certains points dont l'interprétation de M. Schulten ne rend pas bien compte. C'est, par exemple, la distinction de ces terres incultes en deux catégories, dont les unes sont appelées *centuriæ* et les autres *partes*. Je reviendrai plus loin sur ce point.

En outre, à l'expiration du fermage, il y aurait eu côte à côte, et mêlées les unes aux autres, dans toute la surface du domaine, des terres nouvellement défrichées, qui seraient devenues des *possessiones*, et les champs cultivés depuis longtemps, qui auraient continué à être soumis à l'ancien régime. Un tel morcellement paraît peu admissible, car il aurait amené de nombreuses difficultés administratives, particulièrement pour l'allotissement en vue du fermage. On ne voit pas non plus pourquoi les terres situées autour du *saltus Thusdritanus* auraient seules été visées par le règlement, alors que celles de ce dernier n'y auraient pas été soumises.

S'il s'était agi de terres situées dans le domaine impérial, point n'eût été besoin de spécifier que les redevances en seraient livrées au fermier qui les a louées. Cela allait de soi, et le passage *et dabit in cujus conductione* était parfaitement inutile. Il ne s'explique pas surtout dans un texte aussi concis.

Il est une autre expression de l'emploi de laquelle on ne s'est pas étonné, et qui, cependant, ne peut être due qu'à une intention toute particulière chez ceux qui l'ont employée. Je veux parler de *majores partes*. Pour des terres intra-domaniales affermées et même récemment défrichées, il n'était pas nécessaire de dire qu'elles ne seraient pas plus imposées que les autres : on n'avait qu'à n'en point parler et laisser appliquer le règlement qui visait ces dernières. Et, même, si on avait voulu insister sur ce point, il n'y avait qu'à dire : Ceux qui cultivent ces terres seront redevables du tiers de leurs produits. Si on a spécifié qu'ils ne paieraient *pas plus* que pour les autres, qui, elles, sont et situées et cultivées dans le *saltus impérial*, c'est qu'il s'agissait de surfaces qui pouvaient n'être pas dans les mêmes conditions et pour lesquelles il y avait au moins doute.

Telles sont les objections, dont quelques-unes me semblent sérieuses, que l'on peut faire à M. Schulten. On a vu que rien, dans le texte, n'indique que ces terres aient fait partie des domaines. Il semble que ces surfaces incultes n'aient été rattachées au *saltus Thusdritanus* que pour permettre d'y appliquer la *lex Hadriana*, mais qu'à tous les autres points de vue elles se soient trouvées dans une situation administrative différente.

Une des difficultés auxquelles les auteurs se sont heurtés ne paraît pas avoir été résolue. Le passage où il est question de ces terres semble très clair, et c'est sans doute à cause de cette apparente clarté que l'on ne s'est pas arrêté au fait curieux qu'il révèle. Il y est parlé de parties incultes des *saltus Blandianus* et *Udensis*, *Lamianus* et *Domitianus*, qui sont rattachées au *saltus Thusdritanus*. Il ne s'agit donc pas de ce dernier. Il existe ainsi, d'une part, des terrains qui ne sont pas dans ce domaine, puisqu'ils ne sont pas affermés à ses *conductores* (ni exploités en régie par les intendants, étant incultes), et qu'il n'y a pas à leur intérieur de *coloni*; à celui qui les cultivera est accordé un privilège, le *jus possidendi*, etc. D'un autre côté, nous avons le *saltus Thusdritanus*, où il y a fermiers et cultivateurs et dont les terres ne confèrent pas le droit de possession. M. Schulten a d'ailleurs fait ressortir cette différence, quoiqu'il n'y ait pas prêté d'attention, en expliquant le sens de *junctus*, qui se dit de terres improductives réunies à un sol en rapport. On ne peut pas objecter à ce qui précède que le *saltus Thusdritanus* ait été entièrement cultivé, car les *coloni* pouvaient d'un moment à l'autre en abandonner certaines parties, ni qu'antérieurement au règlement il ait été dans la situation que l'on veut accorder aux terres voisines, puisque M. Schulten dit que c'est la première fois que ce droit de possession est accordé. On ne peut soutenir qu'il est sous-entendu que ce domaine ait été sur le même pied que les *saltus* voisins, car le législateur aurait simplement indiqué dans ce cas : le *saltus Thusdritanus*, et cela eût suffi si les autres parcelles de *saltus* voisins y avaient été réellement annexées, car il n'y avait pas besoin, dans ce cas, de les énumérer, ou bien : le *saltus Thusdritanus* et les parties y rattachées des *saltus* voisins, en mettant en avant la surface la plus importante, celle dont les autres dépendent.

Il ressort donc du texte même qu'il y avait ici un domaine entouré de terres incultes qui ne lui appartenaient pas primitivement, mais qui lui ont été rattachées. Cette annexion n'a d'ailleurs pas été complète, puisque ces derniers territoires différents n'étaient pas dans la même situation vis-à-vis du règlement.

On sait, en outre, que les terres de l'*ager publicus* situées hors des domaines, appelées *subcesiva*, formaient deux catégories, les unes inférieures à une centurie, les autres plus grandes, mais dont le sol était impropre à la culture. Cette division correspond exactement à la propre classification adoptée dans le règlement de Patroclus, en *partes* et *centuriæ*. Elle répond à une question de M. Gsell, qui s'est demandé pourquoi les quatre *saltus* n'ont pas été compris dans le même membre de phrase. C'est des grandes surfaces incultes des *saltus Blandianus* et *Udensis* et de parcelles des *saltus Lamianus* et *Domitianus* qu'il s'agissait, et c'est pour spécifier cette qualité qu'on a séparé les deux périodes.

Nos terres ont appartenu à des particuliers, mais rien n'indique que telle était leur situation au moment où le législateur s'occupe d'elles. L'avant-dernière phrase du document, celle qui a peut-être contribué le plus à faire penser qu'il s'agissait de biens domaniaux des empereurs, doit, à mon avis, présenter un sens tout différent de celui qui lui a été donné. *In cujus conductione* et *qui agrum occupaverit* sont en opposition complète ; les terres occupées ne sont pas exploitées par les fermiers (Cf. *nec exercentur*, etc.). Donc, si rien ne force à admettre qu'elles leur aient été affermées, il est rationnel de penser qu'il s'agit de surfaces hors du domaine. Il s'agit ici d'un cultivateur qui dépend du *conductor* (*in cujus conductione*) mais qui a mis en production des terres non comprises dans le fermage de celui-ci.

Ce qui précède s'applique non seulement aux *saltus Lamianus* et *Domitianus*, mais aussi aux *saltus Blandianus* et *Udensis*, si on pense avec M. Schulten que des surfaces provenant des derniers ont été aussi annexées au *saltus Thusdritanus*. Cette explication d'une lacune me semble préférable à celle de M. Gsell, qui pense que deux des quatre domaines dont il est question n'ont pas subi cette annexion. J'ai indiqué plus haut comment on peut comprendre qu'ils sont cités dans deux membres de phrase séparés en raison de la dénomination différente qui devait leur être donnée d'après leur étendue. En outre, s'il s'était agi de fermes (terme employé par M. Gsell, mais dont le sens est trop restreint pour désigner un *saltus*) indépendantes, il faudrait admettre que ce sont les *coloni* situés dans celles-ci qui auraient eu le droit d'en occuper les terres en friche, et cette interprétation est passible des objections qui ont été faites précédemment à l'opinion d'après laquelle il s'agirait des terrains intra-domaniaux.

Une raison doit, à mon avis, faire avant tout penser qu'il s'agit de surfaces, rattachées peut-être au *saltus* voisin pour l'exploitation, mais considérées néanmoins comme n'en faisant pas partie à proprement parler, c'est qu'on peut ainsi les rapprocher complètement des *subcesiva* du *fundus Variani*.

On aurait de part et d'autre des terres incultes : 1º situées à la périphérie de la propriété et y attenantes ; 2º que les fermiers n'exploitent pas ; 3º que les *coloni* de celui-ci peuvent mettre en valeur ; 4º sur lesquelles l'occupant acquiert un droit de possession (appelé ici *usus proprius* et là *jus possidendi*, etc.) ; 5º pour lesquelles le cultivateur doit une redevance ; 6º dont les redevances doivent être livrées au *conductor* du cultivateur. La seule différence que l'on puisse relever est insignifiante : à la *Villa Magna*, il n'y a pas de limites fixées au temps pendant lequel les redevances sont dues ; au *saltus Thusdritanus*, cette limite est l'expiration du bail au cours duquel la mise en valeur a été effectuée. Cela revenait au même, puisque, le fermage expiré, l'administration reprend ses droits et qu'elle peut soit exploiter ces surfaces en régie, soit les affermer à de nouvelles conditions. Cette explication me paraît autrement satisfaisante que celle qui tend à faire considérer ces terres comme étant situées dans le domaine. Elle donne aussi une solution à la plupart des difficultés laissées par cette dernière, que j'ai indiquées plus haut et que je vais reprendre brièvement. Il n'est pas nécessaire d'admettre ici ce fait, très invraisemblable, que les fermiers aient laissé incultes des terres qu'ils avaient tout intérêt à exploiter, fussent-elles même moins fertiles que d'autres, ni qu'ils aient payé un loyer pour des surfaces aux produits desquelles ils n'auraient eu aucun droit ou dans lesquelles on pouvait faire des plantations qui ne rapporteraient rien pendant leur bail. Ce sont des parties hors du domaine; ils ne peuvent avoir aucune prétention sur elles. On s'explique très bien que, pendant le bail au cours duquel a lieu le défrichement, on leur ait laissé, à titre d'indemnité (comme M. Cucq l'a expliqué pour les *subcesiva*), les produits des terres défrichées. La distinction en *centuriæ* et *partes* s'explique très bien pour des *subcesiva* ou des terres qui leur sont assimilées. Il n'y pas ici côte à côte dans le domaine de petites parcelles enchevêtrées, et dans des conditions différentes, mais deux grandes zones, l'une extra-domaniale formée de terres « occupées », l'autre intra-domaniale. Dans ces conditions, l'allotissement pour le fermage et l'administration de ces deux parties peut se faire facilement.

C'est avec intention que j'ai exposé ci-dessus les seules considérations qui me paraissent assez solidement établies pour constituer autre chose qu'une hypothèse, afin qu'on ne les confonde pas avec celles qui vont suivre et que je ne présente que comme de simples vues, que certains passages de l'inscription expliquent, mais qui ont besoin d'être confirmées par des découvertes ou des études ultérieures. Un fait me parait indiscutable, c'est que les quatre *saltus* ont été démembrés et qu'une partie d'entre eux a été rattachée au *Thusdritanus*. Mais on peut se demander ce qu'est devenu le reste de ces propriétés, dont ne parle pas l'inscription. Il me semble certain que si un tel remaniement a eu lieu, c'est parce que ces *centuriæ* et ces *partes* étaient incultes, puisque c'est pour *toutes* ces parties et pour elles seulement que le règlement de Patroclus a été établi. Il n'y avait pas de raisons pour agir ainsi s'il avait été question de propriétés impériales, puisqu'il y aurait eu à leur intérieur, dans les parties cultivées, des *coloni* qui les eussent défrichées et auxquels il aurait fallu enlever le privilège de les occuper pour les conférer à ceux des *saltus* voisins. Ces domaines semblent donc n'avoir pas appartenu aux empereurs; on sait que le mot *saltus* se dit très bien de propriétés privées. Si tout le monde a admis que les *centuriæ* et les *partes* de notre inscription étaient la propriété du souverain, c'est, on l'a vu, une supposition que rien n'entraine. En outre, trois de ces *saltus*, qui se désignent par des noms d'hommes suivis de la désinence *anus*, ont certainement appartenu, à un moment donné, à des particuliers. Rien n'indique qu'il n'en ait pas été de même pour le quatrième.[1] Le *saltus Thusdritanus*, qui est un nom de ville, a pu, à

---

[1] Je me suis demandé un instant, mais sans m'arrêter à une supposition aussi hasardée, si le mot *Citensis* n'aurait pas été mal lu par le graveur illettré de notre inscription, en me rappelant sa ressemblance avec *Ucitensis*, dérivé d'Uchi Maius (S. Tissot, *Géog. comp. de l'Afrique rom.*, II, 351 : *Ucitensis*). Ce graveur aurait eu sous les yeux un modèle écrit en cursive dans lequel il y aurait eu deux ligatures, CI et TE, la dernière pouvant être très facilement prise pour un F, et la première (I à l'intérieur de C) pour un U renversé, tel qu'on le rencontre dans quelques inscriptions.

l'origine, avoir pour centre principal un *vicus* ou *castellum*[1] du domaine qui serait devenu, ultérieurement, la *civitas Sustritana*. Nous savons, en tout cas, qu'ayant déjà des fermiers et des intendants à l'époque de Patroclus, il était alors certainement propriété impériale. Mais ces autres domaines privés, ou du moins les parties dont il est question dans l'inscription, appartiennent maintenant à l'empereur, puisqu'il en dispose. Par quel moyen lui sont-elles échues? Je n'en vois qu'un, celui qui a été si souvent employé en Afrique par Néron et ses successeurs: la confiscation, mesure fréquemment appliquée, sans prétexte plausible, et qui ici avait au moins les apparences d'un acte d'utilité publique,[2] puisqu'il s'agissait du développement de la culture.

Rien d'étonnant non plus à ce qu'il y ait eu de grandes propriétés incultes en Afrique. Columelle a écrit que de son temps il en était ainsi pour beaucoup de domaines privés, d'où l'on peut conclure que les biens des empereurs étaient en meilleur état.

Il n'y a donc rien d'impossible à ce que les quatre *saltus* ou une partie d'entre eux aient été confisqués parce qu'ils étaient incultes. Il n'y a d'ailleurs pas d'autre explication à donner de ce remaniement de territoires.

La confiscation prononcée, pour mettre ces terres en valeur, on décide de conférer aux *coloni* des domaines impériaux voisins qui les défricheraient les mêmes avantages qu'à ceux qui occupent les *subseciva*. Cette annexion permettait de diminuer les frais d'administration en évitant de mettre des intendants à la tête des nouvelles propriétés, de décider que jusqu'à leur défrichement ces terrains resteraient administrativement *tels quels*, et que ce serait seulement après leur mise en valeur qu'ils seraient soumis aux règles qui s'appliquaient aux terres domaniales (*rationi*).

Quant aux parties des quatre *saltus* qui n'ont pas été annexées au *Thusdritanus*, on peut faire deux suppositions. Étant cultivées, elles auraient été laissées à leurs anciens propriétaires, fait qui n'a rien d'extraordinaire. En Afrique, le *saltus Massipianus* était divisé en deux parties, dont l'une appartenait aux empereurs, l'autre à un particulier. Elles ont pu être complètement incultes, et morcelées en plusieurs parties qui auraient été rattachées aux *saltus* impériaux

---

(1) Sustri n'est, sans doute en raison de son peu d'importance, arrivée que très tard, relativement aux cités voisines, au titre de *civitas*. L'inscription où il est fait mention de cette qualité date des années 213 à 217. Un autre texte, que j'ai également trouvé dans ses ruines et qui ne lui est antérieur que de deux à huit années, donne seulement le nom de *populus sustritanus*, qui a très bien pu s'appliquer à la population d'un *saltus impérial*. Enfin, il est possible que, comme le *saltus Massipianus*, la propriété ait été divisée en deux parts, dont l'une seulement aurait appartenu au souverain.

(2) N'est-ce pas pour remercier l'empereur de cet acte que les *procuratores* célèbrent, au début de leur adresse, sa sollicitude pour le bien de l'humanité?

voisins. Ces derniers devaient être nombreux dans la contrée, qui renfermait deux *regiones* dont le chef-lieu était tout proche, Thugga et Uchi.

Quels ont été les auteurs du *sermo procuratorum*? Est-ce un intendant de *regio*, comme l'était sans doute Patroclus, uni à l'intendant ou aux intendants du *saltus Thusdritanus*, ou ces derniers et les *procuratores* de *saltus* voisins auxquels auraient aussi été annexées des parties incultes de ces anciennes propriétés particulières ? Le règlement aurait pu être aussi gravé et affiché dans ceux-ci ; il n'y aurait eu qu'à remplacer le mot *Thusdritanus* par leur nom.

L'établissement de ce document me semble encore indiquer que les terrains qu'il visait n'étaient ni des *subcesiva* ni des terres domaniales, et qu'ils provenaient, par suite, de *saltus* privés. Il a, en effet, été certainement inspiré par des circonstances toutes particulières. Ce n'est pas une *lex* générale, comme la *lex* Manciana, visant toutes les terres et les cultivateurs du *saltus*. Il ne parle que d'une seule catégorie d'entre eux. C'est donc que la question soulevée à leur sujet n'a pas été prévue par le règlement général d'administration de ce domaine ou, si l'on veut, des domaines impériaux. C'est que les terres dont il parle n'étaient pas dans le cas de celles, même incultes, du *saltus* ou des *subcesiva*. On sait, en effet, par l'inscription d'Henchir-Mettich, que ces dernières étaient dans une condition bien définie, et on a dû certainement en parler dans le règlement général. Il s'agit donc de surfaces qui n'appartenaient pas à un domaine impérial et qui ne faisaient pas partie de *l'ager publicus*. Elles ne pouvaient provenir que de *saltus* privés.

Des considérations d'un ordre différent de celles qui précèdent peuvent être encore indiquées. Un fait n'a pas suffisamment attiré l'attention, c'est le caractère négatif du règlement. Ses deux phrases principales — sans parler des autres — commencent par une négation : *Nec a conductoribus..... nec majores partes*. On ne procède pas ainsi généralement dans les lois de ce genre, et en particulier dans celles de la *Villa Magna*, mais bien par affirmation. Il n'y avait, en effet, pour indiquer l'état des terres, pas besoin de dire : Ces terres ne sont pas exploitées par les fermiers, celui qui les occupera aura le *jus possidendi*, etc., cela allait de soi : puisqu'elles étaient incultes, comme on l'a dit plus haut (*omnes partes*, etc.), elles n'étaient pas *cultivées* par les *conductores*. De même il n'y avait qu'à dire : Les redevances dues..... seront d'un tiers. Si le législateur a cru devoir ainsi spécifier et procéder par négation, c'est qu'il y avait doute : l'on pouvait croire, ou l'on a prétendu, que les fermiers avaient le droit d'exploiter ces terres, on a exigé des redevances plus élevées que celles dues pour les autres terres ; or, c'est pour répondre à ces prétentions, et en éviter le retour, que Patroclus a prévu le cas. Peut-être les fermiers ont-ils voulu cultiver eux-mêmes ces surfaces et refuser aux cultivateurs le droit de les cultiver, peut-être ont-ils exigé une part des produits plus élevée que celle qu'on leur donnait pour les champs situés dans leur fermage. Les *coloni* ayant réclamé, les intendants ont réglé la situation une fois pour toutes. L'allure même de tout le document ne donne-t-elle pas à penser que nous avons là deux partis en présence, et même en opposition, cultivateurs et fermiers, avec les intendants pour établir quels sont leurs rapports ? Le même raisonnement peut être appliqué aux dernières phrases, où il est dit: Ces redevances seront livrées au *conductores* pendant le bail (dans lequel a eu lieu la mise en valeur); *seulement*, ensuite, elles seront versées à la caisse de César (ou du fisc); cela expliquerait la dernière phrase : *Post it tempus rationi*. (1)

Voici comment on pourrait condenser cette série de déductions. Un domaine impérial, le *saltus Thusdritanus*, est entouré de propriétés particulières dont les parties incultes ont été confisquées par l'empereur; les cultivateurs des *saltus* impériaux voisins exploitent ces terres, mais les fermiers dans les lots de qui ils habitent veulent s'attribuer le droit de les leur sous-louer et forcer les *coloni* qui les ont défrichées à verser, sur leurs produits, des redevances plus élevées que celles qu'ils livrent pour les cultures de l'intérieur du domaine. Les cultivateurs résistent; de là, un conflit que l'empereur est appelé à trancher. (2) Sur son ordre, l'intendant Patroclus indique quels sont les saltus auxquels chacune de ces terres sera rattachée, c'est-à-dire quels sont les domaines impériaux que les *coloni* pourront cultiver, dont les fermiers percevront les redevances. Il rappelle que ces terres n'étant pas affermées aux *conductores*, le *colonus* qui les occupera acquerra sur elles le *jus possidendi*, etc., et que les redevances seront d'un tiers, mais exigibles seulement pour la durée d'un bail.

D'après ce qui précède, le centre situé à Aïn-Ouassel a dû être compris dans le *saltus Thusdritanus*, puisque c'est à ses cultivateurs que s'adresse le *sermo procuratorum*. Quelques modifications en ce sens doivent être faites à la carte que j'ai publiée de cette région dans la *Revue Archéologique*. Les quatre *saltus* voisins devaient se trouver surtout au nord et à l'ouest, à cause des territoires de Thignica, Thu-

(1) Les fermiers généraux auraient voulu, au cours des fermages ultérieurs, continuer à percevoir une part des produits des terres défrichées antérieurement par les cultivateurs. S'ils n'avaient pas eu ces prétentions, il n'eût pas été nécessaire d'insérer cette clause, puisque, pour les terres situées dans le domaine, le doute ne pouvait exister ; à la fin du bail, c'est l'administration qui dispose des revenus de toutes les terres domaniales pour les affermer à nouveau, les exploiter, etc.

(2) On ne doit pas perdre de vue que c'est Septime-Sévère qui a séparé les revenus du fisc de ceux du *patrimonium* et de la *res privata*, mesure qui n'a peut être pas été étrangère au remaniement des *saltus*.

bursicum, Thugga et Numluli. Peut-être y en avait-il un au sud de l'oued Arko, vers Thugga. Mais c'est en grande partie vers le Gorra, c'est-à-dire dans la direction du *saltus Burunitanus*, qu'ils devaient s'étendre. Il est possible que le *pagus Odilotanus* ait été situé dans

l'un d'eux. J'ai eu soin d'indiquer en outre, sur la carte ci-dessus, la situation des domaines privés de la région.

Après m'être étendu longuement sur l'interprétation que je propose du règlement d'Aïn-Ouassel, il me sera possible d'être plus bref dans le commentaire que je donne ci-dessous de cette inscription et de celle de Souk-el-Khemis, le lecteur pouvant s'en rapporter à ce qui précède.

Inscription d'Henchir-Mettich *(Mappalia Siga).* — J'ai signalé précédemment des noms géographiques en *seg*, parmi lesquels *Segustero (Sisteron)* et je ne puis m'empêcher de rapprocher, en passant, l'analogie de cette forme moderne avec la forme antique Sustri, voisine des *Mappalia Siga*.

M. Beaudouin, pour défendre la thèse de M. Toutain, qui n'est généralement plus admise, a donné une explication qu'une exacte connaissance du pays ne peut permettre d'accepter. *Le fundus Villæ Magnæ Variani* aurait appartenu à un groupe de domaines privés dont faisaient partie le *fundus Tigi belle*, non loin d'Aïn-Tounga, et les *prædia Rufi Volusiani* que j'ai fait connaître. Il aurait été placé à la limite de domaines impériaux situés au nord, auxquels auraient appartenu nos cinq *saltus*, et d'une zone de propriétés particulières. La présence des *praedia Pullenorum* à quelques mètres d'Aïn-Ouassel, c'est-à-dire au milieu de *saltus* impériaux, détruit cette hypothèse et infirme l'opinion d'après laquelle les domaines de l'empereur auraient formé une zone dans laquelle ne se seraient pas trouvés de domaines particuliers. Mon impression est, bien au contraire, qu'ils devaient se trouver mêlés les uns aux autres.

Dominis. — On n'a pas encore, en somme, donné une explication tout à fait satisfaisante de ce mot. Ne peut-on admettre que nous ne sachions pas encore quels étaient tous les habitants des domaines impériaux ? Il y a peut-être eu, parmi eux, d'anciens propriétaires indigènes auxquels on aurait laissé la *possessio* des terres qu'ils occupaient, à condition de payer une redevance fixe, analogue à celle que versaient les fermiers. Ils auraient été sur le même rang que ces derniers, comme ils sont placés dans l'inscription. Ou bien le titre de *domini* ne se serait-il pas appliqué aux représentants du *dominus*, *procuratores* ou autres (dans le cas prévu ici d'exploitation par régie) ?

Fèves. — La lecture du taux de la redevance est douteuse. Pourquoi ne pas admettre une incorrection de la gravure et qu'il y ait eu *tertium* ? On ne voit pas pour quelles raisons ce produit n'aurait pas été soumis à la même imposition que tout le reste.

Abeilles, Ager octonarius. — J'ai pensé aussi à la correction bien tentante en *occupatorius* qu'a indiquée M. Cucq.

Figues. — Cette clause relative aux figues provenant des vergers est tout à fait analogue à celle d'Aïn-Ouassel, qui laisse à l'occupant les produits non mis en vente, les fruits des vergers étant surtout destinés à la nourriture de l'habitant qui en cultive les arbres. Le sens de « sec », donné à *arida*, est celui que l'on a admis généralement, avec moi, pour le même terme qui se trouve dans l'inscription d'Aïn-Ouassel. Les figues ne se conservent que peu de temps. Récoltées en abondance et sur une grande surface, elles ne pouvaient être consommées immédiatement, et force était de les faire sécher. Il serait en outre au moins étrange que l'on ait exonéré des arbres « malades »[1] et poussé le cultivateur à ne pas les soigner. Et puis, il devait y avoir aussi des vignes et des oliviers en mauvais état; pourquoi ne les aurait-on pas exonérés également et le texte n'en parle-t-il pas ?

Oliviers. — Les auteurs ne s'accordent pas sur la manière dont doivent être compris les termes *olicatio, ficatio, vindemia*. Il me semble que si le législateur avait voulu parler des premières récoltes et

---

[1] Sens que donnent certains auteurs à *arida*.

non des années suivant la plantation ou la greffe, il se serait exprimé tout autrement, et de manière à ne pas laisser place au doute. Rien n'est difficile, en effet, comme de déterminer exactement à quel moment un arbre peut être considéré comme étant en plein rapport, et il est certain que les fermiers, qui avaient intérêt à voir avancer cette époque, eussent été en désaccord avec les cultivateurs, dont l'intérêt était opposé. Des intendants aussi prévoyants que ceux qui ont rédigé un règlement détaillé comme l'est celui-ci eussent au moins indiqué quelle quantité de fruits fournie par l'arbre devait faire considérer celui-ci comme en pleine production. En outre, des arbres plantés et surtout greffés en même temps peuvent se développer avec une rapidité bien variable, et il aurait fallu faire une vérification chaque année et pour chaque pied, ce qui, pour n'être pas impossible, ne laisse pas d'être peu commode. Si donc les intendants n'ont pas pensé à ces difficultés, c'est qu'il ne pouvait y en avoir et que tout le monde savait ce qu'il fallait entendre par les termes qu'ils ont employés. C'est qu'il y avait un autre mode d'appréciation, très clair et couramment en usage. Ce moyen existait et il nous est indiqué par l'inscription d'Aïn-Ouassel. Il suffisait de compter par années ayant suivi la plantation et le greffage.

Beaucoup de traditions agricoles contemporaines des Romains ont subsisté jusqu'à nos jours, et leur étude pourra ici nous donner d'utiles renseignements. Actuellement, les oliviers sauvages greffés sont exempts d'impôt pendant les dix années qui suivent ces opérations et non pendant les dix premières récoltes. Si encore on admettait que l'évaluation par année de production ait été en usage au *fundus Variani*, l'olivier étant en plein rapport entre la huitième et la douzième années, cela ferait une vingtaine d'années d'exonération, et celle-ci, pour la vigne, aurait été, dans un cas analogue, de huit à dix ans. C'est beaucoup trop considérable. De nos jours, où l'administration n'a pas à traiter le colon comme l'était le *colonus*, l'exemption est, on l'a vu, d'une durée bien moins longue. Si Patroclus n'a pas employé le terme *oliratio*, c'est précisément à cause de la double interprétation dont il était susceptible. On a vu que son règlement semble avoir donné plus de clarté ou de développement à certaines expressions employées dans celui de la *Villa Magna*: c'est, par exemple, le cas pour le terme *usus proprius*, que l'on a remplacé par celui de *jus possidendi*, etc. Il en aurait été de même pour *oliratio*, auquel on aurait substitué non un mot, mais tout un membre de phrase sans doute parce qu'on avait jugé, à la suite de l'expérience acquise, qu'il fallait préciser ce point.

Odilo. — Tous les savants avaient admis sans hésitation que c'était le nom du *magister*, quand une découverte publiée par M. Cagnat a montré qu'il fallait lire *magister pagi Odilotani*. Ce Pirée pris pour un homme ne montre-t-il pas combien l'on est autorisé à émettre, à défaut de conclusions fermes, certaines vues qui peuvent aujourd'hui paraître très hasardées et qui, demain, seront la vérité? Quelles critiques n'aurait pas soulevées l'auteur qui, primitivement, aurait vu en *Odilo* un nom de lieu? Ici même, ne pourrait-on soutenir que *Felix* ait été le surnom de Flavius Geminius, *defensor* et fils d'Annobal? Il est à noter, en effet, que s'il est question de trois personnages, on a indiqué les fonctions de deux d'entre eux seulement et non du troisième.

Inscription d'Aïn-Ouassel *(Patroclus)*. — MM. Mommsen et Schulten croient que ce fonctionnaire était, non un *procurator tractus*, mais un *procurator saltus*, parce que c'était un affranchi, ce à quoi on peut répondre qu'il y a eu des affranchis parmi les directeurs des domaines, et que celui qui a rédigé ce règlement devait être d'un rang supérieur aux *procuratores* qui ont publié le *sermo*. Mais les deux opinions me paraissent pouvoir se concilier, puisqu'il existait précisément des fonctionnaires d'un rang intermédiaire, les *procuratores regionis*. Et si l'on réfléchit que Patroclus pouvait avoir fait publier son règlement par des intendants des domaines, lesquels devaient par conséquent être sous ses ordres, qu'il s'est occupé de faits relatifs à un groupe de *saltus*, qu'il y avait plusieurs *regiones* dans la contrée (*R. Thuggensis* et *Ucitana*), on pensera que Patroclus a pu être un *procurator regionis*.

Aram legis divi Hadriani, etc. — Il est question ici: 1° d'une loi d'Hadrien gravée sur un autel, et qui a servi de guide à Patroclus, *legis divi Hadriani in ara propositae*. C'est celle dont parle l'inscription de Souk-el-Khemis et qui était gravée sur l'airain à Carthage; 2° d'une copie de cette même loi ou plutôt d'un de ses chapitres que Patroclus a fait également graver et dresser quelque part, probablement auprès de l'autel d'Aïn-Ouassel *(aram legis d. H. instituti)*; 3° d'un règlement établi par le même fonctionnaire *(legem infra scriptam intulit)*. Avec le *sermo procuratorum*, il est donc fait mention, dans cette inscription, de quatre documents administratifs.

Dans la table de Souk-el-Khemis, il est dit qu'en tête d'elle se trouve transcrit un chapitre de la loi hadrienne. Dans le règlement d'Henchir-Mettich, on parle également de la *lex Manciana* gravée plus haut *(supra scripta)*; comme les premières phrases et presque toutes les suivantes renvoient à cette *lex*, elle ne doit pas se trouver dans l'inscription; peut-être était-elle au commencement du règlement, mais sur une pierre placée à côté, comme cela paraît avoir eu lieu à Aïn-Ouassel.

Il ressort de ce qui précède que lorsque, dans les domaines impériaux, on publiait un document se rapportant à une loi édictée antérieurement, la règle était de placer soit à côté, soit en tête de ce texte, cette loi ou une copie de celui de ses chapitres sur lequel il s'appuyait.

Ad exemplum. — Cette leçon de Mommsen, qui donne un sens très clair à la phrase, est confirmée par un passage tout à fait semblable de la *lex data* du *fundus Variani*.

Sermo. — Le terme « circulaire », par lequel j'ai le premier traduit ce mot, et qui a été généralement adopté, me semble moins juste que celui « d'adresse », car on ne sait pas si plusieurs exemplaires de ce document ont été publiés et placés dans les *saltus*.

Omnes partes doit être compris : toutes les parcelles où l'on plantera des oliviers, etc. (la lacune est assez grande pour permettre une restitution ayant ce sens), qui sont situées dans les centuries incultes (ou voisines) des *saltus Blandianus* et *Udensis*, et dans les parties des *saltus Lamianus* et *Domitianus* rattachées au saltus *Thusdritanus*, *junctæ* se rapportant sans doute, mais non certainement, à *centuriæ* et *partes*, à la fois.

Nec a conductoribus exerceantur. — Si la lecture de M. Schulten n'était aussi satisfaisante, j'aurais volontiers rétabli : *Nec a conductoribus centurias iis qui occupaverint*. *Ex* et *que* auraient été une répétition fautive de deux mots voisins, comme cela a eu lieu pour *tor* et *sal*. Il y aurait eu fusion de *iis* avec la terminaison *ias*. J'aurais ainsi compris ce passage : Ceux qui défrichent des terres louées aux fermiers et que ceux-ci leur permettent d'occuper n'ont pas le *jus possidendi*, etc. Il se serait agi de surfaces situées dans le domaine, puisqu'elles sont affermées, et les *coloni* ayant prétendu avoir sur elles le droit de possession, qui ne pouvait être accordé que sur des terres placées à l'extérieur, Patroclus leur répond que ce droit ne peut leur être donné, etc.

Comprehensum. — Ce mot indique que la loi d'Hadrien n'accordait pas le *jus possidendi*, etc., explicitement, que ce droit découlait seulement de son contenu, que l'on devait en comprendre les termes de cette manière. La loi hadrienne renfermait sans doute un terme comme *usus proprius*, employé dans la *lex Manciana*; l'expression *comprehensum* confirme parfaitement l'explication de M. Cucq d'après laquelle les législateurs auraient ici, dans les actes administratifs ultérieurs, expliqué ce qu'était ce droit.

De oleis. — Les oliviers ne sont pas traités de la même manière ici et à la *Villa Magna*. D'un côté, l'exonération est de dix ans pour ces arbres greffés ou plantés, de l'autre, elle est de dix ans pour les premiers, de cinq ans pour les seconds. M. Toutain explique cette différence en admettant que la majeure partie des oliviers sauvages des cinq *saltus* avaient été greffés dans l'intervalle qui sépare les deux documents. On n'aurait plus eu, d'après cet auteur, d'intérêt à s'occuper d'un mode d'arboriculture qui ne se faisait presque plus. On peut objecter, tout d'abord, à cette explication que si le législateur avait considéré les oliviers restant à greffer comme une quantité aussi négligeable, et s'il avait voulu les omettre afin d'abréger son règlement, il n'en aurait pas parlé du tout, alors qu'il leur consacre encore tout un membre de phrase : *Aut oleastris inseruerit*. Mais on peut en outre donner une explication plus simple et qui, semble-t-il, aurait dû se présenter tout d'abord à l'esprit : Patroclus augmentait, en somme, l'exonération accordée aux oliviers greffés en les mettant sur le même pied que ceux que l'on plantait ; or, pourquoi accorde-t-on habituellement un privilège de ce genre à une industrie, à une exploitation, si ce n'est quand on veut en favoriser le développement ? Pourquoi ne pas admettre que, précisément ici, les oliviers sauvages ont été l'objet d'une exonération parce que l'on voulait pousser à les greffer et, par conséquent, parce qu'il y en avait encore beaucoup à traiter de cette manière ? On ne voit pas d'ailleurs pourquoi l'administration, et surtout les fermiers qui avaient quelque influence sur elle, auraient renoncé à un revenu, même peu élevé, afin de pouvoir abréger le règlement de quelques mots. Il est donc plus satisfaisant de penser que si, dans le *saltus Thusdritanus*, et les domaines impériaux voisins, on a prolongé la durée de l'exonération accordée aux oliviers greffés, c'est parce que, jusque-là, les cultivateurs avaient préféré en planter, trouvant que les charges qui pesaient sur les premiers étaient encore trop lourdes, et parce que les intendants, voyant l'insuffisance de l'ancien règlement, et en raison du grand nombre des arbres qui n'avaient pas été améliorés, voulurent pousser à en entreprendre le greffage.

Il me semble intéressant de comparer les dépenses qu'entraine, actuellement, la plantation de ces arbres à celles qu'occasionne leur greffage, pour expliquer les motifs qui ont primitivement amené les intendants de la *Villa Magna* à traiter inégalement ces deux procédés.

A l'époque où je découvrais le règlement de Patroclus, j'entreprenais justement de greffer des oliviers sauvages, et on me pardonnera de mettre en avant ma propre expérience d'oléiculteur.

La question a été, à mon avis, mal posée par M. Toutain. Il était nécessaire, tout d'abord, de respecter l'ordre dans lequel se sont succédées les deux inscriptions, et, avant de se demander pourquoi dans les cinq *saltus* les oliviers des deux catégories ont été traités sur le même pied, de rechercher pour quels motifs ils l'ont été différemment au *fundus Variani*, c'est-à-dire plus d'un demi-siècle auparavant. Il en est qu'un homme du métier indiquera immédiatement : on n'a intérêt à greffer que les oliviers sauvages ayant atteint un certain développement ; dans ces conditions, ils rapportent beaucoup plus vite que ceux que l'on plante. Il a donc semblé tout naturel, de prime abord, de taxer les premiers plus tôt que les seconds.

Mais il faut tenir compte d'un autre élément. Dans les terres incultes, la broussaille est plus ou moins vigoureuse. Si elle est maigre et peu touffue, les oliviers y seront petits et rabougris ; on a intérêt, quand on défriche, à les arracher avec le reste pour y planter des boutures. Le défrichement d'un sol où la végétation n'est pas très forte se fera à peu de frais.

Si, au contraire, la broussaille est vigoureuse, les oliviers sauvages y seront de belle venue et on a intérêt à les conserver pour les greffer. Mais le défrichement est d'autant plus laborieux que la végétation est puissante, sans compter la nécessité de ménager les racines de ces arbres, ce qui force à prendre certaines précautions. Un tel travail est donc bien plus coûteux que dans le premier cas. En outre, la taille des grands oliviers sauvages est une opération très difficile et considérable. En bas, ils forment de véritables taillis, aux branches enchevêtrées, aux extrémités épineuses, dont il faut les débarrasser jusqu'à la hauteur de deux mètres ; en haut, il faut les décapiter pour ne laisser que quelques tronçons destinés à porter les greffons, et il est extrêmement pénible de dégager ces grosses branches entremêlées. Le charbon que l'on obtient à l'aide de ce bois est loin de compenser les frais de main-d'œuvre. Il y a ensuite les greffes à poser, travail délicat et qu'il faut parfois recommencer pendant deux ou trois années consécutives (car le greffeur le plus habile peut manquer l'opération, des insectes attaquer la jeune branche, le vent la briser). Il est enfin nécessaire pendant plusieurs années de procéder, sur les sauvageons de ces arbres vigoureux, à des tailles répétées et bien plus importantes que sur de jeunes plants. Les travaux à exécuter sur ces derniers se bornent à un défrichement peu pénible, au creusement des trous, à la pose de boutures et à un élagage peu considérable. Ils ne sont donc pas à comparer à ceux qu'exigent les oliviers sauvages. Dans ces conditions, les dépenses faites sur ces derniers ne sont que justement compensées par leur production un peu plus rapide.

C'est ce que n'avaient pas prévu les législateurs de la *Villa Magna*. On n'avait pas, en effet, à cette époque, l'expérience de cette culture, comme on le verra plus loin. C'est à cause de l'absence de cette compensation que l'effort des cultivateurs ne s'était pas porté sur l'amélioration des oliviers sauvages. C'est pour les pousser à l'entreprendre que Patroclus mit oliviers plantés et greffés sur le même pied. [1]

Il semble que le greffage des oliviers sauvages n'ait guère été employé, en Afrique, avant les Romains, car si ces derniers l'avaient pratiqué durant quelques siècles, il ne serait plus resté de ces arbres. L'importance qu'on leur donne dans nos documents montre que c'est

---

[1] La traduction de M. Cagnat « planter » me semble bien préférable à celle de « semer » de M. Toutain. Le semis donne des arbres sauvages qu'il est nécessaire de greffer ensuite, et il faut attendre bien plus longtemps un rapport qu'avec la bouture.

une question dont on s'est fort préoccupé à cette époque. Il devait donc y avoir encore beaucoup à faire à ce point de vue, et on peut admettre que si la plantation des oliviers a dû être en usage ici avant l'occupation romaine, le greffage n'a été introduit ou vulgarisé qu'ultérieurement. Un fait analogue se passe de nos jours ; avant notre arrivée en Tunisie, les indigènes avaient bien quelques olivettes obtenues par des plantations ; ils ne greffaient guère les oliviers sauvages. C'est seulement depuis quelques années que les Français se sont mis à pratiquer cette opération.

On sait que M. Bourde, dans l'étude si remarquable qu'il a faite sur la culture de l'olivier, a soutenu qu'elle n'a pris d'extension qu'un siècle environ après le règne de Tibère et qu'elle n'a été réellement importante qu'au sud d'une ligne allant de Kairouan vers Sbeïtla. Au moment où sa brochure a été publiée et quelques années après, les inscriptions d'Aïn-Ouassel et d'Henchir-Mettich sont venues confirmer la première et infirmer la seconde de ces assertions, en montrant que, pendant le second siècle, l'administration a favorisé tout spécialement l'exploitation de cet arbre, et que c'est précisément non pas au sud, mais au nord de la ligne tracée par M. Bourde que l'oléiculture a, d'après l'épigraphie, subi une aussi vigoureuse impulsion.

Nec alia poma. — Il ne peut être question ici, comme l'ont cru certains auteurs, du produit d'oliviers qui étaient en rapport avant l'application du règlement. En admettant même qu'il s'agisse de terres intra-domaniales, il est certain que les fermiers n'auraient pas abandonné des arbres dont l'entretien est des plus faciles et qui donnent de bons revenus. Ce serait d'ailleurs en contradiction avec l'explication de M. Schulten, car des parties plantées d'arbres en rapport ne pouvaient certainement pas être mises au nombre de terres peu productives ou moins fertiles que les autres.

Les produits de la vigne n'ont pu être compris non plus dans ces *alia poma*, car elle est en plein rapport à la quatrième feuille et une exonération de sept années est relativement bien plus considérable que celle accordée pour les autres arbres fruitiers. Une telle mesure eût inutilement privé l'administration d'un revenu important. On eût en outre consacré, comme on l'a fait à la *Villa Magna*, un passage spécial à cette culture si elle avait été aussi importante que celle des oliviers. Doit-on conclure que la viticulture n'était plus rémunératrice à cette époque, ou qu'elle était si répandue qu'il n'était pas nécessaire d'en favoriser l'extension, ou plutôt que la nature du sol ne s'y prétait pas ?

Venibunt. — C'est avec intention que les législateurs, au lieu de dire : Ce qui est nécessaire à la subsistance, ont écrit : Ce qui ne sera pas vendu. La phrase est plus courte et très claire. Ce qu'ils ne vendent pas, c'est ce qu'ils gardent pour leur nourriture, celle de leurs bestiaux et les semailles. Ce seul mot vaut une énumération.

Partes aridæ. — On s'explique qu'il ne soit question ici que des redevances dues pour les grains, puisqu'il ne s'agit que de ce qui sera payé pendant le bail au cours duquel le défrichement est effectué et que les arbres à fruits ne peuvent pas être imposés pendant ce fermage, qui est de cinq ans, alors qu'ils sont exonérés pour sept et dix ans. Si les terres visées ici avaient été dans le *saltus*, il n'eût pas été nécessaire de dire que les produits en seraient livrés à un *conductor*, puisque celui-ci les avait affermés.[1]

Quinquennio. — A été généralement pris dans le sens de bail. Mais, si on expliquait à la lettre ce passage, en le rapprochant, comme l'ont fait tous les auteurs, de périodes précédentes, *decem proximis annis, septem proximis annis*, on obtiendrait un sens assez

---

[1] Au moment où vont paraître ces lignes, il me semble que l'expression *partes aridæ* peut donner lieu à une autre explication. Les grains dont il est question ici sont peut-être simplement le produit de cultures intercalaires faites entre les arbres fruitiers. Les terres incultes dont s'occupe le règlement auraient été impropres à toute culture rémunératrice autre que celle des oliviers, des figuiers, etc. Le rendement en céréales qu'elles eussent donné aurait été trop faible pour justifier les travaux de défrichement entrepris pour y cultiver ces espèces ; mais, une fois ce défrichement opéré et les arbres plantés, on aurait pu en semer en attendant le moment où les plantations auraient été en rapport. C'est une pratique que l'on suit encore de nos jours. Elle permettait au fermier de retirer quelque indemnité du travail que le *colonus* fournissait en dehors du lot qu'il avait loué. Par cette interprétation, on comprendrait qu'il ne soit pas question de la vigne dans le règlement de Patroclus, et que les céréales y aient tenu une très petite place. Il est possible, en somme, que ce règlement d'Aïn-Ouassel ait eu simplement pour but de pousser à la culture de l'olivier et des arbres à fruits dans ces terres incultes situées au voisinage d'un domaine impérial. La rédaction du document concorderait parfaitement avec cette explication. C'est des oliviers : *tam oleis*, qu'il est question tout d'abord ; ces arbres sont placés « en vedette » comme étant le sujet principal dont il va être traité. Les céréales sont rejetées tout à la fin, en une espèce de clause additionnelle relative à un produit accessoire dont on ne s'occupe en quelque sorte que comme pour mémoire. A Henchir-Mettich, au contraire, elles sont mises en première ligne. Ce qui vient d'être dit pourrait s'appliquer aux grains considérés comme étant le produit de terres peu fertiles (avec le sens que certains auteurs donnent à *aridæ* = arides). On remarquera enfin que les mots blé, orge, céréales ne sont prononcés nulle part, à l'exclusion d'une lacune où on a cru devoir les rétablir, mais où il a pu y avoir tout autre chose. Cette interprétation, qui me paraît séduisante, répond parfaitement à certaines objections faites à celle de M. Schulten, comme on peut s'en assurer en se reportant au commencement de cet appendice. Elle peut très bien se combiner avec celle émise précédemment et d'après laquelle il serait question de surfaces situées hors des domaines impériaux. Elle compléterait donc simplement toutes les vues qui ont été exposées plus haut.

[1] Si l'on pouvait admettre que c'était un droit d'usage ou autre pour le fermier de renouveler plusieurs baux successifs, supposition que certains passages de l'inscription de Souk-el-Khemis pourraient rendre plausible (*vices successionis*), l'analogie avec la situation faite à ceux qui plantaient ou greffaient des arbres serait parfaite. Il y aurait eu, pour les céréales, une exonération pendant le bail du défrichement. Le bail suivant, le *conductor* aurait eu une part de produits, et ce n'est que dans le *quinquennium* qui aurait suivi que les redevances seraient revenues à la caisse de l'administration : *ratiuni*. On conçoit que les intendants aient attendu jusqu'à l'époque à laquelle les oliviers, les arbres à fruits et les céréales étaient tous susceptibles d'être imposés (c'est-à-dire ce troisième bail) pour mettre d'un seul coup la main sur les produits des terres défrichées, au lieu de le faire successivement à mesure qu'ils étaient imposables.

étrange. En parlant des oliviers, Patroclus a certainement voulu dire : dans les dix années qui suivront celle où ont été pratiqués les plantations ou le greffage ; il faudrait donc comprendre ici : dans le bail qui suivra celui où on aura mis en valeur des terres incultes, car *quinquennium* forme un tout, bien défini, le bail, qui correspond à *anni* : les dix années qui suivront, le bail qui suivra. Autrement, les législateurs auraient écrit : *proximo decennio, proximo septennio*.

On aurait donc alors livré les redevances de ces terres, non au fermier pendant le bail duquel le défrichement a eu lieu,[1] mais à son successeur !

C'est inadmissible. On ne peut pas non plus entendre par *quinquennium* non un bail, mais un espace de cinq années, à cause du sens spécial et bien connu qu'a ce mot, parce que le législateur eût, dans ce cas, mis *quinque proximis annis*, par analogie avec les *decem* et *septem proximis annis* qui précèdent, et parce que, avec cette explication, le cultivateur aurait pu avoir à payer les redevances pendant, par exemple, deux ou trois ans à un fermier et ensuite au successeur de celui-ci, qui n'aurait eu aucune raison pour qu'on lui laissât cette indemnité.

Il faut donc admettre, avec la plupart des auteurs, que ces deux mots doivent être compris *intra quinquennium*. Ils auraient été mis pour *proximis annis quinquennii* : dans les années du bail qui suivront (la mise en culture). Tout s'explique ainsi très bien ; dans le bail pendant lequel la terre a été mise en valeur, les redevances (qu'il s'agisse de cultures intercalaires ou non) seront livrées au *conductor* à titre d'indemnité et ensuite à la caisse de l'administration (des domaines ou du fisc).

In cujus conductione. — Comme je l'ai déjà remarqué, l'*ager* ne peut être « occupé » dans des terres affermées, et on doit comprendre que la redevance est due au fermier dont dépend celui qui a défriché le champ : *in cujus conductione (est, habitat, ou exercet qui) agrum occupaverit.*

Post it tempus. — C'est-à-dire : après le bail pour les grains, après sept ou dix ans pour le reste. Les redevances reviennent alors à la caisse de quelqu'un qui n'est pas spécifié ici. Il s'agit de César ou du fisc, qui se réserve le droit, une fois *toutes* ces terres en rapport et imposables, de disposer du tiers des produits comme il l'entend, soit en le percevant directement, soit en faisant de nouveaux lots destinés à être affermés.

Docteur CARTON,
Médecin-Major.

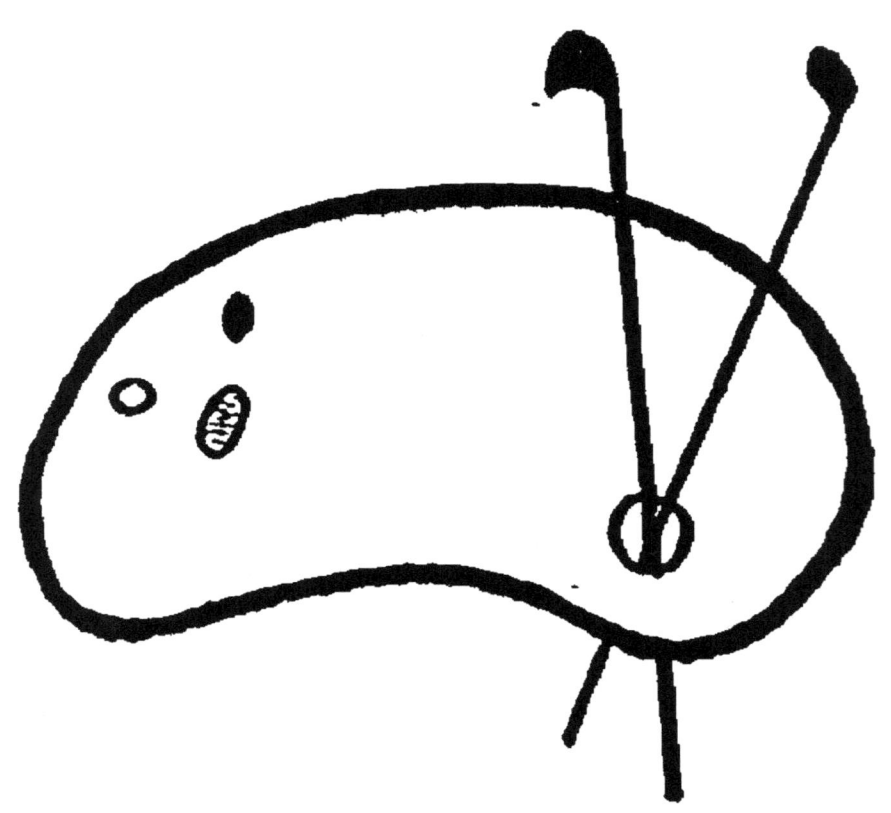

ORIGINAL EN COULEUR
NF Z 43-120-8

www.ingramcontent.com/pod-product-compliance
Lightning Source LLC
Chambersburg PA
CBHW060931050426
42453CB00010B/1961